Donner la peine à la vie

Douglas Fairbanks

Writat

Cette édition parue en 2023

ISBN : 9789359258232

Publié par
Writat
email : info@writat.com

Contenu

AVANT-PROPOS DE L'AUTEUR

Dans *Rire et vivre* , mon seul objectif était de souligner notre premier devoir envers nous-mêmes, qui consiste à faire de notre mieux dans tout ce que nous entreprenons et à tirer le meilleur parti de chaque situation qui se présente à nous.

Tout au long de ma jeunesse, j'ai lu des livres inspirants et je les ai préférés par-dessus tout. Ils semblaient me faire signe. Je me sentais tiré par une main invisible.

Ne nous trompons pas en ce qui concerne *la valeur de la vie* . Il n'a pas de plan ni de séquence particulière pour étayer son titre. Presque tout a à voir avec un tel sujet et c'est ce que contient le livre - tout en général - et rien en particulier - juste les choses qui me sont venues à l'esprit et qui semblaient valoir la peine .

Dans la continuité de *Laugh and Live,* j'espère qu'il fera *l'affaire* .

DF

CHAPITRE I
PETITS GRAINS DE SABLE

Rester assis dans la *flotte de fauteuils à bascule* sur la place ombragée n'est certainement pas pour profiter au maximum de la vie.

Nous nous souvenons tous de la phrase : « Si les vœux étaient des poissons, nous en ferions frire. » C'est la réponse à ceux qui rockent et rêvent, et qui espèrent que quelque chose se produira *au* lieu de *produire* quelque chose pour leur propre compte.

Bien sûr, il y a un moment pour tout, même pour le fauteuil à bascule furtif et rampant, et c'est à peu près l'heure du coucher. Selon un éminent neurologue, il n'y a pas de crime contre nature dans la maison qui ne puisse être attribué à ce monstrueux voleur de temps qui, tout en criant et en gémissant sous sa charge, crie en réalité de joie au travail qu'il fait. s'accommode de son occupant.

Tirer le meilleur parti de la vie est l'étiquette appropriée pour ce vieux couineur, producteur de contentement oisif, de rêveries, d'inertie. Comme tout ce qui sape l'énergie de l'esprit et du corps, il compte ses victimes au compte et les jette sur le sable du temps.

——et son frère John

Parler de sable peut servir à rappeler au lecteur un poème bien connu transmis du temps de grand-mère, qui contient beaucoup de sagesse précieuse - probablement plus que n'importe quel poème de sa longueur - son ampleur et sa profondeur étant égales au monde dans lequel nous en direct. Dans mon enfance, ce poème m'a plu, car il était court, précis et facile à retenir. J'étais prêt à le réciter immédiatement et *automatiquement* sur demande. Je n'avais alors aucune idée de sa signification, mais au fur et à mesure que les années passaient dans ma mémoire jusqu'à présent, j'y trouve une sorte d'énoncé de fait sur lequel bâtir ma théorie visant à donner de la valeur à la vie . C'est ici:

Des petites gouttes d'eau, Des petits grains de sable, Crée le puissant océan Et une terre agréable.

Ceux qui adoptent l'idée de découvrir *pourquoi* les petites gouttes d'eau et les petits grains de sable accomplissent tant de choses recevront la plus grande récompense sous forme de satisfaction mentale et, en attendant, ils resteront occupés.

Il y a un bonheur illimité dans la poursuite de la connaissance ; une merveilleuse satisfaction de constituer son trésor d'informations. Tout cela est si simple et ne nécessite rien de plus qu'un esprit sain et curieux et *une passion pour le sport* .

Le zeste est un grand mot. Cela a à voir avec *get up et git* , qui a été résumé de la manière la plus appropriée dans le mot *pep* . Les gens paresseux, mentalement ou physiquement, arrivent rarement à quelque chose. Ce qu'ils obtiennent est soit accidentel, soit par *absorption* — si c'est par ce dernier processus, plus probablement par les pores que par le cerveau. Inutile de leur parler de la façon dont la vie en vaut la peine .

Apprendre à son chien à sourire

esprit bien entraîné , un *corps* à la hauteur et l'amour du succès, sans lesquels un homme est vieux avant son temps. Après cela vient *l'énergie* — la grande hélice ! Ce que le cerveau commande, le corps l'exécutera, si l' *hélice* fonctionne. Aucune hésitation : lorsque la *volonté* commande, le *corps* agit. Ils se synchronisent : ils sont en harmonie, harmonieux, fraternels, pour ainsi dire. Et les attacher ensemble est aussi simple que de se mouiller en se tenant tête nue sous la pluie.

Il n'est pas question d'encombrer ce chapitre de voies et moyens permettant de mettre en bon état de fonctionnement l'étage supérieur ou la structure physique située en dessous. Ce sont des informations destinées au premier lecteur. Si nous nous traitons correctement, le cerveau se comportera et le corps suivra. *L'activité* , mentale et physique, est *la viande de la noix de coco* . La recherche de la connaissance mène sur les chemins ensoleillés de la vie où le bonheur abonde. L'alternative est *l'immobilité mentale* , menant de nulle part à rien du tout.

Caïn a tué Abel à cause, sans aucun doute, de la vie sans changement qu'il menait. L'indolence et l'ignorance étant à l'ordre du jour, il lui manquait l'endurance nécessaire pour contrôler son esprit. Ses forces physiques agissaient simplement en accord avec sa rage face à la popularité d'Abel. La cupidité l'a poussé à avancer, mais si Caïn n'avait pas perdu la tête par manque de *volonté de se contrôler*, l'exemple du meurtre n'aurait peut-être jamais été donné à l'humanité.

Les siècles ont passé et la passion de tuer perdure toujours sur la surface de la terre. Pour y mettre fin, il suffit de corriger la pensée humaine par un entraînement physique et mental afin que les notions qui interfèrent avec une tendance cérébrale normale et saine cessent d'exister. Ceci fait, les dégénérés nés de l'indolence quelque part le long de la ligne disparaîtront de la surface de la terre en un rien de temps.

De nouvelles forces intellectuelles feront l'affaire ; des forces construites à partir d'une pensée saine et juste, d'une enquête énergique et de l'acquisition conséquente de connaissances.

La façon dont le monde évoluera dans quelques années dépend des mères et des pères d'aujourd'hui. Alors que les grandes épreuves *renforcent le caractère* , les perspectives semblent brillantes.

CHAPITRE II
COMME LA RAMEAU EST PLIÉE

Le tempérament occupe une place importante dans le jeu de la vie et, comme toutes les autres tendances du cerveau humain, est soumis à une régulation par l'exercice du sens ordinaire du cheval. Nous entendons souvent une personne parler des qualités capricieuses d'une autre à la lumière d'une *maladie incurable* , et plus que probablement de manière apologétique. Une mauvaise tendance est généralement déposée à la porte d'un vaillant grand-père d'un ou des deux côtés de la maison et laissée là comme un simple potin de table à reprendre à tout moment sans préavis.

Nous avons tous entendu quelqu'un se débarrasser d'un autre avec rapidité en faisant la remarque désinvolte : « *Il est capricieux* ». Tout dépend de l'inflexion de la voix de l'orateur, si ses paroles sont censées être un coup de grâce ou des excuses au nom du coupable. Mais chaque fois que vous voudrez approfondir le sujet, vous entendrez parler d'un vieil ancêtre obstiné qui a transmis la responsabilité à sa postérité.

Même si nous héritons assurément de diverses *attitudes mentales* de nos ancêtres, il n'y a rien dont nous ne puissions nous débarrasser si nous décidons de le faire. Il n'y a rien de fatal dans les idées préconçues qui nous sont transmises. La culture mentale par l'éducation et l'association est la voie royale. Si, par ignorance ou par étroitesse d'esprit, on préfère s'accrocher à certaines crudités personnelles ou mentales juste pour se faire passer pour un « morceau du vieux bloc », alors laissez la punition correspondre au crime.

Le tempérament joue un grand rôle dans *la valeur de la vie* et est plus largement dû à l'époque dans laquelle nous vivons et aux personnes avec qui nous nous associons qu'à l'héritage. C'est le département physique qui nous est réellement transmis : le *sang dans nos veines* plutôt que les bosses sur notre cerveau. Être sujet à la scrofule dès l'enfance n'est pas de notre faute, mais maintenir une excentricité sous prétexte d'un *tempérament héréditaire* n'est excusable que pour cause d'ignorance.

Les gens héritent de tendances cérébrales, mais ils sont tous sujets au contrôle par la volonté de *faire ou de ne pas faire* , selon le cas. Supposons que grand-père jure comme un soldat – et il le faisait probablement –, cette habitude était capricieuse dans la mesure où elle était en phase avec l'époque dans laquelle il vivait. Mais quel petit-fils d'aujourd'hui songerait à prétendre à l'exemption en raison de son tempérament héréditaire s'il était accro à la même habitude vulgaire ? En revanche, si nous sommes nés avec *des rhumatismes* tendances avec lesquelles nous pouvons nous attendre à lutter toute notre vie. L'une est une tendance cérébrale, *soumise à contrôle* ; l'autre est un héritage du sang que *nous ne corrigerons peut-être jamais* .

Les habitudes personnelles de pensée ou d'action sont capricieuses selon l'avidité avec laquelle on s'y accroche. George Ade a dit qu'un homme pouvait naître avec une lèvre poilue ou un pied bot, mais que *les moustaches* étaient de sa faute. Nous avons ainsi obtenu la meilleure ligne de démarcation possible entre la *tendance héritée* et le *tempérament personnel*. Ainsi, si nous avions le tempérament de porter une barbe parce que notre arrière-grand-père en portait une, nous pourrions, si l'idée nous venait à l'esprit, l'emmener chez le coiffeur et la faire couper. Juste pour que nous puissions nous libérer de toute autre *habitude*, pensée ou action capricieuse, par le processus très simple consistant à devenir maîtres de notre propre esprit. Grand-père peut nous donner une lignée de sang contaminé que nous ne pouvons pas gérer, mais c'est à nous de gérer notre tempérament comme nous le souhaitons.

Le contrôle de son tempérament est absolument nécessaire pour que la vie en vaille la peine. Si nous sommes résolus à assurer le plein bonheur d'avoir vécu, nous sommes tenus de contribuer à un *monde ultime de santé mentale* dans lequel le mot tempérament ne peut pas servir à dissimuler *une déficience mentale*. La vie universitaire élimine les défauts de l'esprit non formé et lui permet de se comporter normalement. Il ne tient pas compte du tempérament accentué. Les idées stupides ramenées de notre chère vieille ville natale sont bientôt passées au crible et le *bon sens* prend tout son sens.

CHAPITRE III
LE NOUVEL ORDRE DE VIE

Nous ne sommes jamais vieux tant que nous ne pensons pas l'être - je dis cela, non pas comme une *excuse* à ceux qui sont au-delà de la station intermédiaire, mais comme une conclusion après quelques années d'observation et de fréquentation des hommes.

Je connais des *jeunes hommes d'une soixantaine d'années* qui mettent un échantillon de golf qui annexe ma chèvre. On oublie leur âge quand on les retrouve debout et à chaque proposition de sport et de plaisir légitime. Ils ont *appris à vivre* et *vivent* .

Il y a un grand changement dans les habitudes des hommes. La journée dans laquelle nous vivons est remplie de plaisirs simples et de facilités pour en tirer le meilleur parti. *La réussite* les maintient jeunes, et la réussite est une question de gestion plutôt que d'heures de travail. *L'organisation* réduit les heures de travail, ce qui laisse suffisamment de temps pour les loisirs nécessaires pour assurer un bon appétit, un corps sain et un bon sommeil. S'il y a un secret dans ce processus simple, considérez que le chat est « sorti du sac ». *C'est le tien.*

"Et elle s'appelait Maud"

Si nous voyons un mulet maigre, affamé et décrépit traînant avec lassitude sa charge, nous savons d'un coup d'œil qu'il est sous-alimenté, surmené et *ne reçoit pas les soins appropriés* . Il travaille trop d'heures par jour, subit les abus de son chauffeur, devient morose, tout comme un être humain, et finalement, indifférent à ce qui se passe . Ainsi réduit au plus profond du désespoir, il attend en réalité le claquement du fouet sur ses reins avant de répondre à l'appel pour avancer.

Mais les temps changent aussi bien pour les hommes que pour les mules. Ni l'un ni l'autre ne résisteront aux abus et à la négligence des années passées. Les hommes ne sont plus les esclaves du *grand patron* . Ils ont certaines heures de travail, après quoi leur temps leur appartient.

Heureusement, l'ère du respect de soi-même est révolue. Le barroom a cessé d'être le sport national en salle. Toute ville ou cité qui se respecte adhère à la théorie de la *communauté d' intérêts* selon laquelle la vie à l'extérieur est bonne pour ses citoyens. Le résultat est *des terrains de jeux* pour les enfants, *des parcs publics* pour toute la famille et *des terrains de golf* à proximité pour les hommes. Cela bat de quarante manières l'ancienne proposition de chaise à bascule du porche.

Cela ne fait pas plus de vingt-cinq ans que commence la véritable ère du plein air. Je me souviens très bien, quand j'avais dix ans, combien il était difficile d'élever un compagnon après le repas du soir. Mes parents avaient des opinions libérales sur le sujet. Ils m'ont fait confiance pour éviter les méfaits et le seul avertissement que j'ai reçu était : « N'allez pas loin et *ne restez pas dehors trop tard* ». Avec des instructions aussi souples, je n'eus aucune difficulté à tenir les pendules à l'heure, car mes parents ne me demandaient jamais de comptes stricts.

Cependant, dans mes pérégrinations, j'ai trouvé les garçons de ma connaissance assez bien enfermés pendant les heures du soir. La scène est facilement rappelée. Le perron avant est recouvert de tapis ; la mère, le père, les sœurs, les tantes et la grand-mère sont assis sur les marches, sur des hamacs ou sur des chaises de porche. Bob, Bill, Dick ou Jim, selon le cas, ont été les premiers à être remarqués, appuyés contre la porte d'entrée ou regardant rêveusement par-dessus la clôture latérale. Mais dès que les disputes sur le porche ont commencé à s'échauffer, on a pu le voir avancer lentement, pouce par pouce, vers l'arrière – juste nonchalamment, deux piquets à la fois, sans aucun semblant particulier de précipitation. Si sa mère *avait la parole* dans la dispute, il s'enfuyait rapidement et il attendait généralement cela.

Mais le succès n'a pas toujours été au rendez-vous. Plusieurs fois , je me suis tenu impatiemment hors de vue en donnant le signal *de dépêcher* , quand soudain un appel fort est venu de l'avant qui a fait retomber Robert dans sa propre cour et se diriger rapidement vers l' origine de la clameur.

"Qu'est-ce que tu veux, maman?" » il s'enquérait – comme s'il ne savait pas très bien.

«Je veux que tu restes ici où je peux garder un œil sur toi. *Alors je saurai où tu es.* »

Parfois, ce type de problème nécessitait près d'une demi-heure de travail habile pour être réparé. Après cela, seuls les projets les plus audacieux avaient une chance de réussir, comme entrer dans la maison par l'avant comme s'il était profondément dégoûté, ou après avoir bu un verre d'eau à l'arrière de la maison. Puis sortez par la porte de la cuisine et par-dessus la clôture arrière en un tournemain.

Un argument pointu

Un coup de coude de *la sœur* annulait souvent ce subterfuge lorsque la mère semblait sur le point de se laisser prendre au projet, ce qui signifiait la perte d'un quart d'heure supplémentaire pendant lequel Bobby allait effectivement prendre une gorgée d'eau et revenait sous le porche, là pour s'étirer. et bâille jusqu'à ce qu'on lui dise qu'il ferait mieux d'entrer et de se coucher. *Victoire enfin* pour Bob, démontrant qu'il y avait plusieurs façons de gagner une bataille, même à cette époque. Le claquement de la porte d'une chambre à l'étage, destiné aux oreilles de sa mère, une glissade dans le « tuyau de pluie » – et par-dessus la clôture pour Bobby.

Mais quel merveilleux changement s'est produit depuis lors dans l'esprit des parents. Maintenant, tout ce que Bob fait, c'est annoncer où il va : à la « salle de sport », chez Bill, en bateau à moteur, en canoë, à vélo, en randonnée dans le parc ou en regardant un film. À la maison et au lit à dix heures.

Et quel est le résultat ? Les garçons de douze ans deviennent désormais officiers dans les compagnies de Boy Scouts. Ils font tout pour les rendre *athlétiques, virils et alertes* . À seize ans, ils ont plus de connaissances générales que les garçons de vingt ans n'en avaient il y a vingt-cinq ans. Et leur esprit est plus propre, tout comme leur corps. La scolarité leur est plus facile, même si les cours sont beaucoup plus avancés. Il faut des connaissances pour commencer dès maintenant.

Nous sommes à une époque de *dynamisme* , et la compétition d'aujourd'hui signifie *dynamisme contre dynamisme* . Avec une préparation mentale égale, l'homme musclé résistera à la gaffe qui tuerait son concurrent le plus doux. *N'oublions pas que* les loisirs, un bon appétit, un corps sain et une quantité suffisante de sommeil sont des conditions positives pour que *la vie en vaille la peine* .

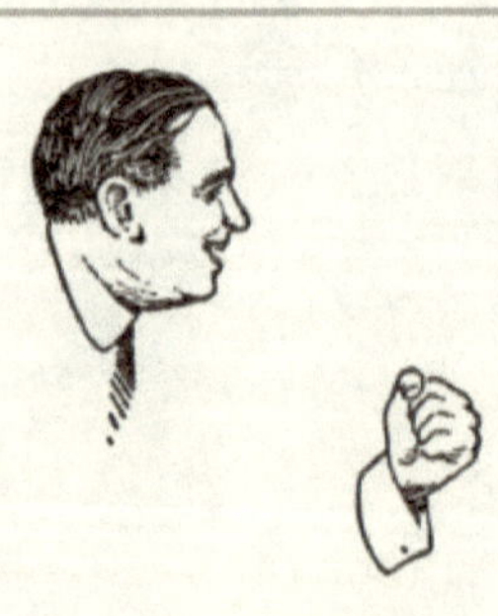

CHAPITRE IV
ALIMENTER L'INTELLIGENCE

Nourrir l'intellect est naturellement l'activité la plus fascinante de cette vie et le sera probablement dans la vie à venir. Il n'y a rien de tel que de nourrir l'esprit, de chatouiller les cellules du cerveau, de faire des bosses dans le cervelet, car ainsi sont induits la *santé mentale la plus parfaite* et le pouvoir de penser avec précision.

C'est une brute de pouvoir penser droit au but et d'analyser rapidement jusqu'aux os. Une telle capacité nous donne le respect de nous-mêmes et nous impose le respect de tous ceux que nous pouvons côtoyer.

Le pouvoir de penser commence avec *les premières réalisations* , et par la suite nous n'avons qu'à alimenter les feux intellectuels jour après jour, mois après mois et année après année, jusqu'à ce que nous arrivions à cet état de suffisance mentale que l'on peut heureusement appeler « la plénitude ». celui-ci. »

Ce n'est que lorsque nous aurons traversé ce pont que nous serons en sécurité – ce n'est qu'à ce moment-là que nous serons parvenus à un état de *pensée saine* – et que nous ne serons pas non plus *pleinement vivants* ! Au cours de notre marche, nous aurons appris à fouiller avec patience, à écouter avec compréhension et à communiquer avec intelligence. Nous pourrons alors donner et recevoir avec une compréhension commune avec les meilleurs d'entre eux. Ce que nous obtenons, nous le stockons pour l'utiliser en cas de besoin. Puissions-nous alors communier avec nos égaux intellectuels sur la base d' *une contrepartie – cheval et cheval – « même Stephen »*.

Mais quel chagrin quand on ne peut pas donner ! Quelle sensation de regret quand on se retrouve intellectuellement immobile en regardant défiler le cortège. Incapables de donner, nous sommes également handicapés dans notre capacité à recevoir – *nous sommes attachés à un poste* , pour ainsi dire, avec d'autres espèces de moindre compréhension.

À nos côtés, dans notre voyage à travers la vie, il y aura certainement des hommes aux réalisations plus que ordinaires, qui, grâce à leur *génie particulier* , ont accompli des objets dignes d'intérêt - quelque chose qui leur a apporté la richesse ou la renommée et probablement les deux - mais les a laissés muets et sans voix. en présence d'intellectuels qui, pour se défendre, doivent les laisser de côté faute de *camaraderie mentale* .

Parler de « *l' âge des ténèbres* » n'est qu'une référence polie à cette période où l'humanité était généralement connue pour être « embrouillée ». La lumière a refusé de briller sur son *dé à coudre de cerveaux* , bien que le soleil des siècles ait brillé sur un monde d'intellects à moitié cuits – et qu'il reste encore du travail à faire. Mais au fil des âges, au fil des événements, quelques maîtres se sont accordés à croire qu'un peu d'exercice était bon pour le « noddle » et se sont mis à expérimenter.

Le premier travail acharné auquel se livrèrent nos premiers ancêtres, après avoir reçu une légère instruction, fut de *tuer leurs professeurs* . De nombreux siècles se sont écoulés avant que l'éducation ne soit à nouveau utilisée pour stimuler la compréhension.

« Souriez quand vous le dites »

En attendant l'aube de la nouvelle ère, l'homme n'a appris qu'à utiliser ses mains et ses pieds pour le bien de son estomac – son étage supérieur devenant un entrepôt pour de sombres superstitions et des pressentiments effrayants. Il n'est pas improbable que de cette période soit née la référence ultérieure à certaines personnes comme *des idiots* - une espèce humaine connue pour avoir *des chauves-souris dans le beffroi* .

Malgré l'apparente inutilité de plusieurs centaines de siècles dans leur relation avec l'intelligence humaine, il est indéniable que nous sommes enfin arrivés à une époque où la puissance cérébrale n'est plus considérée comme un délit et passible d'amendes et d'emprisonnement. Depuis la fin de notre guerre civile jusqu'au déclenchement du grand conflit mondial, l'intellect de l'homme s'est considérablement développé. Plus important encore, on avait découvert que l'intellect était un *bien mondial* et que ses conséquences étaient si importantes que *la connaissance humaine* a progressé de manière étonnante.

Il est dommage que la puissance cérébrale mondiale n'ait pas pu prévenir le grand massacre – impossible cependant à ce stade de notre développement mental. Mais le temps approche – nos petits-enfants verront le jour – où *l'intellectualité* gouvernera l'univers. Les cerveaux et les corps des individus doivent être développés à d'autres *fins que la guerre* . Jusqu'à ce que ce jour arrive , nous sommes tenus de continuer comme avant et, avec un véritable patriotisme, nous *suivrons le drapeau de notre cause* .

Un jour, lorsque notre intellect en aura atteint un état d'efficacité plus élevé et que l'humanité sera plus proche en termes de puissance cérébrale, les règlements entre les nations se feront sous la lampe de la raison plutôt que sous la gueule du canon.

CHAPITRE V
SAUVEGARDE DU DRAPEAU

La fidélité est l'un de ces mots de trois syllabes qui ont une grande signification qui leur est propre. Parmi les lettres qui le composent, on peut épeler deux autres mots : la préposition *à* ; et l'adverbe *tout* . *Loyauté envers tous* , tout ce qui vaut la peine ; notre pays, nos foyers, notre gouvernement et les amis que nous avons « et leur adoption essayée ». Il semble dommage d'entendre ce beau mot utilisé dans un autre contexte, comme « fidèle au gang » – « fidèle à ses confédérés » – « fidèle à l'ennemi ». C'est un mot trop beau pour être employé d'une manière qui possède la signification du mot « traître ».

Maintenant que le mot *loyauté* est revenu dans un usage quotidien si vaste, le moment est venu de le fixer fermement et rapidement aux principes qu'il représente. Pourquoi ne pas dire « il était de mèche avec le gang » – « faux envers ses électeurs » – « malhonnête avec ses confédérés ? Ensuite, dans notre esprit, accrochons le mot *loyauté* à côté du *drapeau* et gardons-le là pour toujours.

Alors que j'écris ce chapitre, en gardant à l'esprit le sujet " *Donner de la valeur à la vie*" , un sentiment de sérénité imprègne ma conscience intérieure. Je crois que la loyauté règne pratiquement en maître en Amérique. Je crois que la variété cinquante-cinquante est devenue plus rare que les dents de poule lorsqu'on la mesure à l'échelle de la citoyenneté dans son ensemble. On ne peut les trouver que parmi les ignorants, les débauchés, les misanthropes et *les ennemis étrangers* .

Grâce à l'efficacité du gouvernement durant les périodes les plus difficiles, les projecteurs se sont tournés vers la signification du mot loyauté dans ce pays. Le drapeau le symbolise et il est accroché partout. Nous lui tirons notre chapeau lorsque nous le croisons dans la rue, et lorsque nous entendons les chansons qui lui correspondent, nous joignons nos voix à celles des autres.

Aimer le drapeau est une qualité *d'âme* et lorsque les âmes de cent millions de personnes se mobilisent pour soutenir le *drapeau étoilé,* il reste très peu de place pour *le simple spectateur* .

Il est soit avec nous, soit contre nous : tel est le slogan qui affaiblit les rangs des incroyants dans notre pays. Cela les fait s'asseoir et regarder la vérité. Cela les fait cligner des yeux d'émerveillement, ce qui est un premier secours pour réfléchir. Cela les amène à regarder autour d'eux et à comparer leur point de vue avec celui représenté par la bannière *étoilée* .

En faisant le point sur la situation, ils ont découvert que ce grand pays défend la paix, non seulement pour lui-même, mais aussi pour ses voisins du monde entier. Cette paix est si désirable et si essentielle qu'elle vaut la peine de se battre jusqu'au *dernier homme* et jusqu'au *dernier dollar*. Que sans la paix, rien n'a de valeur dans tout l'inventaire des choses qui en valent la peine et, par conséquent, il ne reste plus qu'à se battre — *et à en finir*.

Compagnons

Lorsque votre oncle Sam retrousse ses manches en prévision d'un combat, il commence à prendre une taille qui le distingue du combattant ordinaire. Il s'y prend méthodiquement et se laisse le temps de se préparer. Puis il fait un saut en courant au milieu du ring. Après cela, le spectateur désintéressé ne tarde pas à comprendre que, par simple question de discrétion, il vaut bien mieux être *avec* l'Oncle Sam que d'être *contre* lui. Il doit également comprendre que s'il ne veut pas être *plongé* dans un état d'esprit approprié, la meilleure chose à faire est de *se joindre à nous et d'aider*.

Si cent millions de personnes désirent suffisamment la paix pour se battre pour l'obtenir, tant pour eux-mêmes que pour leurs voisins, il n'appartient pas à des *fainéants*, ni en pensée ni en esprit, de rester à l'écart et d'assister à la bagarre. Les gens de ce type n'ont pas leur place en Amérique.

Chacun doit faire sa part et le faire correctement. Il existe des milliers de façons de contribuer à la victoire. Il existe plusieurs façons de se battre. Le plus puissant de tous est de *soutenir celui qui le fait* – sauf, bien sûr, que le moment venu, tout homme capable d'appuyer sur la gâchette doit ramasser son sac et prendre sa place *sur la ligne de tir*. En attendant, il incombe *à chacun d'entre nous* d'être prêts à répondre à l'appel.

CHAPITRE VI
CONNAISSANCE À MI-CUIT

Il faudra plus qu'une *coquille d'étoile* pour éclairer le chemin d'un homme qui encombre son cerveau de connaissances à moitié cuites. De nombreux pièges l'attendent, quelle que soit la direction dans laquelle il se tourne. De telles personnes sont, par nature, du genre arrogant, allant là où les anges craignent de mettre les pieds, et ne gagnant certainement rien en raison de leurs expériences. Avec le temps, ils acquièrent la réputation d'être *têtus* et, tôt ou tard, se dirigent vers le courant sans gouvernail.

Parfois, l'homme volontaire et au savoir fragmentaire n'est pas responsable de son affliction. Chaque petite circonstance a quelque chose à voir avec son parcours futur et s'il lui arrive de naître « du mauvais côté de la lune », son parcours est plus ou moins *prédestiné*. Il voit les choses à travers un film, flou et inexact. Pour lui, l'enquête ne veut rien dire. Son esprit est comme un tamis qui ne retient pas les fines particules qui doivent s'accumuler jusqu'à ce qu'une fondation solide soit formée sur laquelle loger *de manière permanente ses capacités de raisonnement*.

Le pire aspect du calculateur toujours prêt aux statistiques incertaines est qu'il circule généralement parmi les crédules. Qui d'entre nous ne s'est pas, à un moment donné de sa carrière variée, assis en face de lui à une *table d'hôte* à l'ancienne pension de famille ? Même maintenant, nous pouvons l'entendre dire : « *Mon idée est la suivante !* » Et n'était-ce pas amusant de regarder ceux qui buvaient tout cela et l'avalaient avec leur café ? L'histoire du fromage vert sur la lune aurait été avalée par certains d'entre eux si notre *je-sais-tout à moitié cuit avait* persisté dans sa vérité.

C'est sans doute pour lui qu'a été composée la phrase merveilleusement cynique de Kipling : « Hélas, nous savons qu'il n'a jamais pu savoir et n'a jamais pu comprendre ». Et aussi, pour lui, il a été ordonné de ne jamais rester longtemps au même endroit. Quelque chose lui dit de continuer à avancer – peut-être le rire qui éclate au milieu d'une haute péroraison ; un rire de dérision face à une observation qui se voulait philosophique mais qui était loin d'être pertinente.

Même s'il ne faut pas longtemps pour faire ses valises et s'installer ailleurs, cela doit être un travail fastidieux d'avoir continuellement la tâche de se faire de nouveaux amis, *pour ensuite les perdre*. Mais c'est la peine de devenir la cible du farceur, ce qui ne se refusera pas. Une fois qu'il a trouvé une victime, il est temps pour cette victime de bouger. Le farceur n'a aucune pitié, et dans un discours noble il le dit à sa victime, accompagné des cris d'approbation de ceux qui entendent et comprennent.

"Qu'est-ce que ho!" dit le roi. « Ho hum ! » répondit son invité.

L'ego de l'ignorance qui s'en tient à ses fausses hypothèses du simple manque de compréhension correcte invite à la pitié qu'il reçoit rarement. Au cours des événements humains, le distributeur de la sagesse à moitié cuite se verra greffer une brindille de l'arbre du savoir et l'espèce disparaîtra ainsi. Ceci, comme le dit Shakespeare, « est sincèrement à souhaiter », et tout en le souhaitant, il semble tout à fait correct d'exprimer l'espoir que ceux qui liront ce court chapitre mettront un point d'honneur à semer quelques graines dans certains jardins où poussent désormais de hautes mauvaises herbes. , « juste faute de râteau et de houe ». Un peu de sarcasme fera tourner la situation.

CHAPITRE VII
Exploiter le cerveau

Pour que la vie en vaille vraiment la peine , il faudrait, si possible, suivre son penchant naturel, après s'être entraîné en conséquence, sinon, quel que soit son succès au *sens matériel* , les regrets seraient inévitables et pourraient conduire à une *vieillesse maussade* . C'est une grave erreur de croire que la possession de grandes richesses assure le bonheur — et *sans bonheur,* à qui la vie vaut-elle la peine ?

L'artisanat de nombreux bons bouchers, boulangers ou fabricants de chandeliers a été gaspillé lorsqu'un jeune a franchi la *mauvaise porte* à la recherche de son *premier emploi* . C'est le premier billet de loterie que nous achetons – et que nous payons parfois très cher.

La situation est meilleure aujourd'hui qu'auparavant, surtout si le jeune bénéficie dès ses débuts de l'avantage d'avoir au moins fait des études secondaires. Dans cette mesure, il a un *esprit entraîné* . S'il avait pu poursuivre ses *études universitaires ou techniques,* sa réussite serait pratiquement assurée. S'en sortir signifierait qu'il ait acquis un bon *équilibre mental* .

Néanmoins, la grande majorité se lance encore dans le monde des affaires avec peu de matériel éducatif, au moment même où leur esprit est le moins préparé, ce qui explique le vieil adage : « un *peu de connaissance est une chose dangereuse* ».

Ainsi, lorsque John Henry Jones, le fils du chapelier, montre une réticence à aller à l'école, son père est presque sûr de lui tirer dessus, quelque chose comme ceci :

« Soit tu vas à l'école, soit tu vas travailler. *Vous ne pouvez pas rester allongé et flâner.* »

C'est là que le père de John est parti du mauvais pied. Ici et là, il a raté l'occasion d'une véritable conversation à cœur ouvert et à un moment où son garçon, par pur manque de capacité de raisonnement, avait mis son esprit dans un mauvais état. C'était alors le moment d'avoir laissé tomber ses outils et de redresser les plis de la caboche du jeune. Un petit conseil amical aurait facilement pu démontrer la folie de se lancer dans le monde sans *outils cérébraux* avec lesquels travailler.

Quant au garçon, tout son avenir dépendait très probablement du résultat d'un entretien à l'intérieur *de la première porte par laquelle il était entré* . Ne possédant pas une préparation mentale suffisante, sa tendance naturelle est devenue son seul gardien au moment suprême de sa carrière : *le début* . Ce serait sûrement une question de chance de savoir comment il s'en serait sorti.

Son avenir, dans un sens, était entre les mains d'étrangers et d'un environnement étrange.

De nos jours, les gens sont employés pour occuper un certain créneau. S'ils le remplissent, ils sont autorisés à *continuer à le remplir* . Il y a peu de chances de lever les yeux du travail et, lorsque la journée de travail se termine, il y a peu de chances d'en chercher un autre. Ainsi , si John Henry était affecté au début à un poste subalterne, il ne pourrait jamais être considéré comme éligible à un poste conduisant à un véritable avancement. Il est venu sans connaissance et, faute d'opportunités, il n'en a obtenu aucune. Étant un excellent *balayeur* et *épandeur* , il resta à balayer et à épousseter jusqu'à ce que, désespéré, il essaie de trouver un emploi ailleurs.

Tweedle-dee— Tweedle-dum

« Mais, dites-vous, l'exemple n'est pas digne de confiance. Regardez les grands hommes qui ont commencé modestement. Ils sont désormais le rempart de la nation.

C'est peut-être vrai, mais les temps ont radicalement changé. C'est le *garçon diplômé* qui est désormais recherché. Les « grandes entreprises » postulent longtemps à l'avance pour les promotions annuelles. Il veut *des esprits entraînés* pour occuper *les postes de cerveaux* – et c'est pourquoi les universitaires et les diplômés des écoles techniques avancent si rapidement. Ils écrasent littéralement les travailleurs à moitié instruits et non formés qui s'interrogent sur leur propre manque d'avancement.

Ce n'est pas une question de faire la moue. Il n'y a qu'une chose à faire : *s'en sortir*. La voie de sortie est une voie spéciale vers la chose pour laquelle l'esprit et le talent sont les mieux adaptés. Pourquoi attendre que la « foudre » nous frappe ? Les écoles du soir abondent dans toutes les branches du savoir. Beaucoup d'hommes sont devenus de brillants avocats, experts comptables ou éditeurs célèbres grâce à leurs *cours du soir*. La diligence et la persévérance sont le prix du succès, et ce n'est que grâce au succès que nous trouvons que la vie en vaut vraiment la peine.

J'ai reçu de nombreuses lettres de garçons et de jeunes hommes qui avaient lu *Rire et vivre*, me demandant de citer les conditions requises pour réussir. Je n'ai donné qu'une seule réponse à toutes ces questions : — *Un corps sain et propre et un esprit entraîné et pur*. Il n'y a pas d'autre réponse.

CHAPITRE VIII
EXALER L'ÉGO

Un jour , je propose d'écrire un roman !

La principale raison de cette détermination est le fait que je n'en ai jamais écrit. Je ne sais pas s'il deviendra un « meilleur joueur » – et les chances sont contre lui – mais je ferai quand même de mon mieux. *Et j'espère gagner.*

La raison pour laquelle j'écris une histoire fictive est que, ce faisant, j'exercerai mes facultés imaginatives et *prolongerai ainsi leur utilité* . Le pouvoir d'imaginer est un atout qui ne doit pas être émoussé par la négligence. Il réagit à l'exercice aussi facilement que les bras et les jambes.

La gymnastique mentale est utile, en fait elle est absolument nécessaire pour maintenir en alerte l'étage supérieur de la structure générale. Ils font du cerveau un *trapéziste spectaculaire* vers lequel tous les regards se tournent lorsqu'il prend place sur la barre oscillante.

La capacité d'écrire un roman à succès serait un couronnement dans la mesure où elle s'appuie sur l'expérience et la vision afin de rassembler des personnages intéressants autour d'une intrigue agréable. L'amour, bien sûr, doit fournir le motif parce que l'amour est la forme de passion la plus élevée et la plus noble – et *la passion règne sur l'univers* .

Lorsque nous envisageons l'écriture d'un roman, nous nous livrons à une aspiration du plus haut niveau. Le fait qu'aucun roman sur mille n'est susceptible d'être à la hauteur d'un chef-d'œuvre ne devrait pas freiner la détermination de chacun à choisir un gagnant si possible. Mais l'écriture d'un roman est *une chasse au gros gibier* , qui nécessite des munitions d'une puissance considérable – et le *but doit être parfait* .

Il faut d'abord essayer le petit gibier, en prenant soin de faire un feu de joie pour tout effort qui ne résistera pas à l'épreuve de plusieurs mois en chambre froide. La vraie fiction peut attendre. Il n'est pas nécessaire qu'il soit servi sur commande. Tout roman qui va traverser une génération de lecteurs applaudissants se conservera quelques mois pendant que son auteur utilise le sécateur. Son jugement sera d'autant plus fin à chaque fois qu'il y reviendra.

Lorsque j'écrirai mon roman, je ne permettrai à aucun ami proche de le lire avant sa publication légitime, après avoir été dûment transmis par un critique professionnel calme et franc, *à l'œil perçant* . Quand l'un de ces individus épuisés parcourra mes efforts de la première à la dernière page et apparaîtra en souriant, il sera temps de se livrer à un faible espoir. Il est toujours préférable que le succès *suinte* plutôt que de se produire comme un déluge. Cela nous donne le temps de réfléchir aux voies et moyens de prendre soin du résultat. Cela permet également d'éviter un cas de déception aggravé si cela ne s'avère pas être un *véritable jaillissement* . Nous ne connaissons jamais le véritable verdict tant que nous n'avons pas entendu l'opinion de la multitude. Pas de multitude, pas de verdict nécessaire : *le livre est mort* .

Où une fois un égale deux

Ce n'est pas parce que je manque de choses à faire que je me propose de tenter d'écrire un roman à succès, et ma raison n'est pas non plus mercenaire. Il n'y a pas non plus de secret à ce sujet. Il y a quelques années , j'ai décidé de *ne pas* vivre avec un *esprit unique* . Pour éviter cette calamité , je me suis rendu compte que je devais m'intéresser à chaque petite et grande chose qui se présentait à moi. Une fois que la résolution a pris la forme d'une habitude, c'est devenu un grand plaisir de persister dans la recherche d'informations, mais le principal bénéfice retiré a été le développement d'une détermination à faire les *choses moi-même* .

La détermination a constamment besoin d'être réparée, sinon elle se détériore en une simple obsession et tombe sous son propre poids. *L'habitude d'investigation* renforce la confiance en soi, sans laquelle la détermination n'a aucun support pour se maintenir.

L'investigation est une activité bilatérale des processus mentaux : elle arrive chargée et peut ressortir chargée s'il y a quelque chose à l'intérieur pour faciliter le mouvement. Prouver cette théorie est la raison pour laquelle je me lance dans l'écriture de romans, et en réussissant, mon cas est plaidé. Au moins, il aura été prouvé que l'esprit d'une personne est un reconvertisseur , que ce qu'il absorbe sous une forme peut l'exsuder sous une autre. Cela

prouve également que si l'on n'exalte pas son propre ego, personne d'autre
ne peut le faire à sa place.

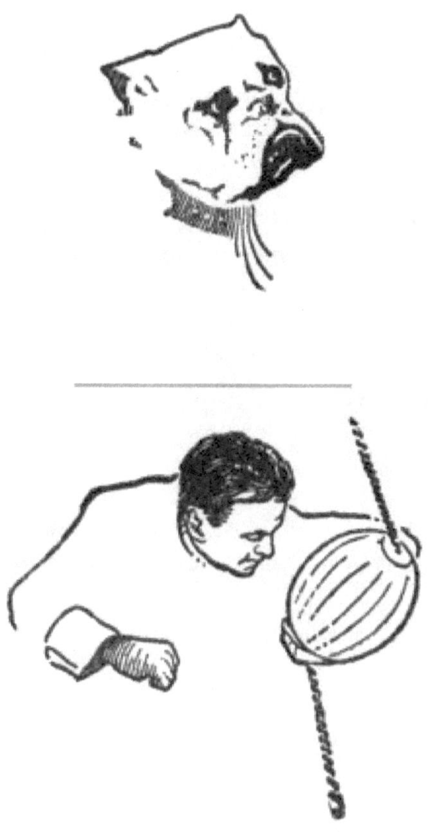

Une escapade rapide

CHAPITRE IX
INITIATIVE GENIUS PLUS

Le génie, c'est vingt pour cent d'idée, trente pour cent de talent et cinquante pour cent *d'initiative* . Les idées sont petites en elles-mêmes lorsqu'elles sont réduites à *des punaises* , mais lorsque nous y mettons de la vapeur , elles se transforment souvent en quelque chose de formidable.

Même un imbécile peut avoir une idée, mais il faut *de l'intelligence et du courage* pour la mettre en œuvre.

Presque tout le monde a eu une idée valable , mais dans la plupart des cas , ils la tiennent pour bon marché en se basant sur la théorie selon laquelle si elle équivalait vraiment à quelque chose, un *génie* y aurait pensé il y a longtemps et l'aurait mise en pratique. C'est là que *l'initiative* manquait — peut-être aussi le talent — mais l'initiative aurait fait venir des talents *de l'extérieur* .

Le mot génie a été largement mal appliqué. De nombreux hommes qui étaient simplement astucieux d'une manière ou d'une autre ont été placardés de l'étiquette de génie. Mais le *vrai génie* est celui dont l'idée a permis à ses semblables d'économiser du *temps* , *du travail* et *de l'argent* . Qui aurait pensé, il y a quarante ans, que les tasses chuchotantes dans lesquelles les enfants parlaient et au moyen desquelles ils pouvaient s'entendre mutuellement à une distance de cinquante ou cent pieds, deviendraient le plus grand appareil permettant d'économiser du travail au monde ! Tel est le cas depuis que le téléphone est devenu un outil quotidien.

Le principe a été découvert dans un jouet — l'application pratique et quotidienne en tant que dispositif permettant d'économiser du travail était à venir — mais il est arrivé bientôt. Un génie y est parvenu en inventant un émetteur qui agrandissait les ondes sonores lorsqu'elles vibraient sur des fils chargés électriquement. Tout aussi simple que de l'eau bouillante dans une bouilloire à thé — ce qui, soit dit en passant, a conduit à la *machine à vapeur* .

Vapeur, acier et électricité ! — le terrain de jeu des plus grands inventeurs du monde — *où le génie abonde* . Ici sont nés nos capitaines d'industrie, nos fabuleuses fortunes, nos *ressources pour bâtir un empire* . Entrelacé avec ces trois grands principes, le *super-génie* a joué avec les secrets de la nature jusqu'à ce que l'époque dans laquelle nous vivons soit celle où il suffit d' *appuyer sur un bouton* - et un appareil permettant d'économiser du travail fait le reste.

Nous pensons qu'il est merveilleux de vivre à l'ère actuelle du génie. Rien ne semble manquer. Mais quels escargots nous apparaîtrons à ceux qui viendront *dans cent ans* . Pensons-nous que l'Arizona manquera de pluie quand elle en aura besoin, même dans cinquante ans ? Sûrement la *corvée du cheval* sera passée dans l'oubli. M. Ford à la rescousse ! Après l'avoir retiré de la chaussée, il ne permettra certainement pas au cheval de continuer à travailler dans le champ de labour. Cette bénédiction est déjà en train de se résoudre.

La véritable période du génie est au premier plan. Les épreuves du passé sont terminées. Le capital est prêt et attend avec impatience la nouvelle idée, quelle que soit sa taille *ou sa taille* . Le génie n'a plus qu'à se débarrasser de son inertie, *à prendre des initiatives* et à exploiter pleinement ses talents. Il n'y a aucune pierre d'achoppement en vue. *La voie est libre* – et chaque installation supplémentaire contribue grandement à rendre la vie de chacun intéressante
.

CHAPITRE X
LES GRANDS QUATRE

Je suis pour ce type de virilité percutante qui s'engage catégoriquement en faveur d'un *accord franc et sans capitulation* en toutes circonstances. C'est une chose de souhaiter la justice, c'en est une autre de se lever et *de se battre pour elle* .

Probablement pas un homme sur mille n'est doté d'un cœur suffisamment actif pour aller à l'encontre d' *une fausse opinion publique* . Il faut du courage moral pour y parvenir, même à petite échelle, alors que pour monter un broncho sauvage, il faut des prouesses physiques, ce qui est un tout autre type de courage. Nous avons tous connu des hommes qui luttaient contre leur poids face aux chats sauvages mais couraient comme un lapin effrayé à la vue d'une jolie femme. Se lever et *faire un discours* aurait été hors de question pour eux.

J'ai entendu parler d'un cas où un homme brave et calme, élu délégué à une petite convention de comté, avait reçu pour instruction de se lever au moment d'une certaine nomination et de crier « J'appuie la nomination ! Au lieu de suivre les instructions, *il s'est évanoui* . Cela a tellement excité le délégué qui devait « proposer que les candidatures soient closes » qu'il a oublié son rôle, de sorte qu'un candidat de l'opposition a été rapidement proposé, a remporté le congrès et, en temps voulu, a été élu par le *vote* du personnes.

Les hommes du type du président Wilson et de Theodore Roosevelt, chacun très différent par leur personnalité, sont aussi rares que des dents de poule. Il n'y a aujourd'hui que deux de ces hommes sur nos cent et quelques millions. Ils sont uniques par le courage de leurs convictions et par leur capacité à atteindre *les limites de l'opinion publique mondiale* . Lloyd George appartient au même corral.

En parlant du président Wilson, on est étonné de sa clairvoyance. Dans une procédure directement opposée à celle de Roosevelt ou de Lloyd George, il n'a d'équivalent ni en termes de schéma ni de tournure d'esprit. Tout cède devant lui : il paraît *indomptable*.

Le besoin d'un tel homme à cette heure est évident. Il affirme les droits de la nation dans son ensemble de telle manière que l'individu le suit sans un frémissement de peur ni un scrupule de conscience. Le Président semble connaître le chemin et les résultats en témoignent. Dans les plus brefs délais , il a mobilisé la plus grande nation du monde sur une base de guerre d'une telle ampleur que sa marche martiale *s'étend à travers le monde* . Il s'agit de la première guerre mondiale de toute l'histoire, qui peut dire qu'un autre homme aurait fait mieux — *ou même aussi bien* ?

Heureusement, ce pays a un autre homme qui, en l'absence de notre dirigeant actuel, aurait pu inciter la nation américaine à agir au nom de sa propre sécurité. Il est à peine besoin de dire que cet homme est *Théodore Roosevelt*. Ses services distingués dans le passé l'auraient proclamé chef d'une entreprise aussi vaste *si l'urgence avait existé*. En prenant les choses telles qu'elles sont, son influence a été d'une importance capitale dans la réalisation *d'un effort commun*. Sa volonté d'aller lui-même au front à la tête d'une division de volontaires a eu son propre poids pour déterminer à l'ensemble de la nation que *la bataille était la nôtre* ainsi que pour ceux qui étaient plus proches de la zone de combat. Mais, au moins au début, c'est une guerre de jeunes hommes, et les quatre fils de Roosevelt qui sont allés au front constituent une offrande abondante de la part de ce grand homme à ce stade des affaires.

Si Lloyd George était un citoyen de ces États-Unis, je lui donnerais un siège à côté du président pour sa ténacité de *bouledogue*. Et je lui donnerais un aperçu de Roosevelt pour *son activité cérébrale* et *son courage physique*. Et une place entre eux deux pour sa capacité à *roussir les peaux des récalcitrants*.

Trois grands hommes : *Wilson*, *Roosevelt*, *Lloyd George*. Ils restent fidèles à ce qui est juste. Ils sont exaltés dans l'estime de tous les citoyens sensés du monde et, à cette époque de leur vie, sont sans égal dans l'influence bénéfique qu'ils exercent sur l'humanité.

Et maintenant, le quatrième homme sur ma liste : *le général Joffre* ! Votre initiative lors de la première bataille de la Marne a sauvé le monde du désastre. Vous aviez *une chance sur cent* et... vous avez vu et vous l'avez saisie. Votre victoire a épargné à la civilisation un revers colossal. Si votre France bien-aimée avait été contrainte de se rendre, le rêve de l'ennemi aurait été transformé en réalité avec Mad Moloch en selle pendant de nombreuses années fatigantes.

Place aux Big Four : puissent-ils vivre longtemps pour être témoins de la gratitude de toute l'humanité !

CHAPITRE XI
DE L'APPLICATION DE LA RÈGLE DE RAISON

Lors d'un de mes sauts de quatre jours d'un océan à l'autre récemment, j'ai fait la connaissance d'un monsieur très affable d'une cinquantaine d'années. Il avait l'avantage sur moi en âge, ayant traversé ma période il y a environ vingt ans, alors que mon avantage était devant moi, mais n'était pas encore éliminé. C'était un homme intelligent, ses yeux étaient alertes, ses années reposaient facilement sur lui. Je me suis émerveillé de son activité physique, mais aussi de son *dynamisme mental* . Une chose qu'il m'a dite et qui restera gravée dans ma mémoire pour le reste de mes jours.

«Je me laisse guider par mon *recul* , vous, à votre âge, par votre *clairvoyance* », dit-il. Puis il a continué en expliquant.

A mon âge il avait des ambitions et se pressait sur le vapeur. A *quarante ans* , son succès dans tous les domaines semblait assuré, alors il se précipita de toutes ses forces. A *quarante-cinq ans* , il connut une période de réaction physique qui, à la lumière de ses connaissances actuelles, était un avertissement, mais il n'y tint pas compte. À *quarante-sept ans,* il était en ruine *physique* et *mentale* .

«Je n'avais pas réussi à m'adapter à mes capacités défaillantes», a-t-il déclaré. «J'ai assumé de plus grandes responsabilités que jamais, déterminé, comme je l'étais, à mener à bien un immense succès. J'ai failli me retrouver dans ma tombe.

Maintenant, c'était l'occasion d'obtenir un véritable conseil d'un homme de force intellectuelle, alors je l'ai exhorté à poursuivre la séquence d'événements qui l'avaient ramené à une santé et un moral si superbes.

Une très bonne histoire

« Il m'a fallu trois ans pour surmonter cette horrible période de dépression mentale et physique, dont j'ai passé la première partie à patauger d'un expert à l'autre, à voyager ici et là et à ne trouver aucun répit, pour ne rien dire. de guérison. Puis soudain, je suis tombé sur un nouveau conseiller, *un agent d'assurance-vie* !

J'ai éclaté de rire à ce moment-là et il m'a rejoint avec bonhomie.

« Je savais que cela vous amuserait », dit-il. «Tous mes amis ont des blagues sur le sujet. Néanmoins, poursuit-il, cet agent d'assurance-vie m'a guéri et je n'ai pas pris une cuillerée de médicament depuis que je l'ai rencontré. Êtes-vous intéressé par des détails ? » demanda-t-il, les yeux pétillants, les joues rayonnantes de santé. (Courage, ami lecteur. Ce n'est pas le début du roman que je compte écrire.)

"Jusqu'aux oreilles", répondis-je. "Je m'intéresse à chaque petite chose qui se passe."

« Eh bien, cela en vaut la peine, » continua-t-il sèchement, « et le « remède » vous sera peut-être utile un jour . J'ai rencontré cet homme à Long Beach. J'étais assis sous une grande tente-parapluie, regardant les baigneurs et me sentant comme « *Sam Hill* », lorsqu'un beau jeune homme costaud est arrivé, dégoulinant des vagues, et s'est approché nonchalamment près de moi. C'était une journée chaude et, remarquant mon ombre abondante, il s'est approché et m'a regardé avec bonhomie. J'aurais donné tout ce que je possédais pour sa santé robuste et son physique grandiose. Je lui ai indiqué un espace inoccupé sous ma tente, ce qu'il a accepté.

« 'Pas malade, j'espère ?' » dit-il d'un ton interrogateur.

"'Oh non!' Lui ai-je répondu. «Je me sens comme un jeune chaton.» Puis je lui lançai un regard féroce. Cela le faisait rire, et il était doué pour cela. Je me suis détourné de lui avec dégoût et je l'ai laissé faire le pire. Finalement, il se calma et remarqua très sobrement :

« « *Tu n'es pas malade* , ça ne te prend pas ! » J'écrirai une police d'assurance sur vous dans une semaine si vous faites ce que je vous demande. Je suis agent d'assurance-vie et je pense ce que je dis.

« 'Je vais vous prendre', ai-je hurlé en réponse, 'et je vous parie cinq cents que vous perdez !' J'étais assez exaspéré par ce type.

« C'est votre tour, dit-il, mais je ne prendrai pas vos cinq cents si je gagne. Disons-le de cette façon : si vous êtes assez bien pour passer un examen physique rigoureux dans une semaine, me laisserez-vous vous inscrire pour une police d'assurance de cinquante mille dollars ?

« Je le ferai, jeune homme, et vous pourrez commencer votre *jeu de coquilles* à votre guise. Mais je ne tolérerai aucun *travail scientifique ni aucune absurdité* . Si vous m'ennuyez, je vous le dirai et cela signifie que tous les paris sont ouverts et que vous partez.

« 'Nous allons commencer maintenant', dit-il doucement, mais il y avait un certain air de confiance dans sa voix qui me faisait réfléchir.

« 'Tout d'abord, je vais vous parler de vous', a-t-il poursuivi. « Vous êtes un peu comme un ingénieur qui a vécu quarante ans sans accident, puis son moteur est tombé en panne et tous deux sont allés dans le fossé en tas. Vous avez réussi en affaires, tout le monde le saurait d'un coup d'œil, mais vous avez gâché vos ressources physiques. J'ai hoché la tête. Il avait raison jusqu'à présent.

Une rêverie d'une minute

« Vous avez commencé tôt, vos affaires se sont développées, vos responsabilités se sont élargies et vous avez travaillé des heures supplémentaires sur votre matière grise sans vous arrêter pour huiler vos machines. En d'autres termes, vous n'avez jamais joué, vous n'avez pas ri, vous n'avez pas fréquenté les gens de manière sociale. Alors maintenant, vous êtes presque prêt pour la casse. Ai-je raison?'

« ' Euh , continuez', dis-je.

« Un jour, vous avez failli demander à une belle femme de vous épouser, mais quelque chose s'est produit et vous l'avez oublié. »

« Oui, vous avez raison, M. Mind-Reader. Continuez, dis-je, et quoi que vous fassiez ou dis, *ne vous souciez pas de mes sentiments* . Il a noté le ressentiment dans ma voix, je présume, car il a attendu un certain temps avant de continuer.

« Le reste est simple : tout agent d'assurance-vie qui connaît son métier pourrait s'emparer de l'histoire à ce stade et aller de l'avant. » Il rit gentiment tandis que je haussais les épaules.

« Vous êtes un agent, poursuivez l'affaire. Quelle est la réponse? Écoutons tous les détails horribles. Je devenais maussade, même si le type avait éveillé mon intérêt.

"'Très bien. Votre histoire est vieille, vieille. À quarante grandes choses se profilaient à l'horizon — *votre cercle s'est élargi* . Vous vous êtes livré à de grands projets. Ils ont progressé de façon remarquable et, à *quarante-cinq ans,* vous étiez un homme riche et influent. Mais il y avait beaucoup de multimillionnaires qui vous avaient écorché en fonction de *la taille de votre pile* , alors vous avez franchi le pas et les avez poursuivis. Vous n'avez jamais pensé à vos capacités physiques en déclin pendant les deux années suivantes, puis vous vous êtes effondré… *mentalement* .

"'Mentalement! que veux-tu dire quand tu dis *mentalement* ? Suis-je fou?' Cette pensée m'a fait rire.

« Mentalement », a-t-il répété avec un sourire bon enfant. "Tu n'es pas devenu fou, *ton cerveau s'est effondré* ." Il s'est usé tout comme le ruban d'une machine à écrire — *à cause d'une utilisation constante* . Depuis, vous pensez que votre service physique était responsable de votre état. Rien de la sorte. Vous êtes en bonne forme physique, ou le serez lorsque vous cesserez de penser à vos maux et oublierez les anciennes affaires. Allez, allons piquer une tête, m'a-t-il exhorté, et la première chose que j'ai su, c'est qu'il m'a entraîné dans la saumure.

« Pour faire court, ce type *m'a fait rire* et jouer comme un garçon. Nous avons violé toutes les règles de santé établies par les médecins et, cinq jours plus tard, nous jouions au golf ensemble.

« Finalement , il a gagné son pari », dis-je avec enthousiasme, car j'avais soutenu l'agent tout au long du récit.

"Vous pariez qu'il l'a fait, et je l'ai laissé me payer *un demi-million* au lieu de la somme qu'il avait annoncée."

"Intimidateur pour toi!" J'ai répondu. "Et je vais me souvenir de ce que tu m'as dit."

« C'est vrai : à *quarante ans* , commencez à vous adapter à la période suivante : *quarante-cinq ans* . En arrivant là-bas en toute sécurité, commencez à vous adapter à *cinquante* . Si vous êtes en vie, vous devriez continuer pendant des années, en gardant toujours à l'esprit que vous devez vous réajuster tous les *cinq* ans après avoir franchi la barre des quarante .

Il y a un vieux dicton selon lequel on ne peut pas tromper un tableau de pourcentage, et c'est ce que l'agent a utilisé. Ainsi, si nous voulons que notre vie vaille la peine, nous devons sûrement observer les règles simples régissant la santé et la longévité. La bougie ne brûlera pas par les deux extrémités et tiendra le coup. À quarante ans, je vais commencer à m'adapter... *Je crois ce que l'agent a dit* .

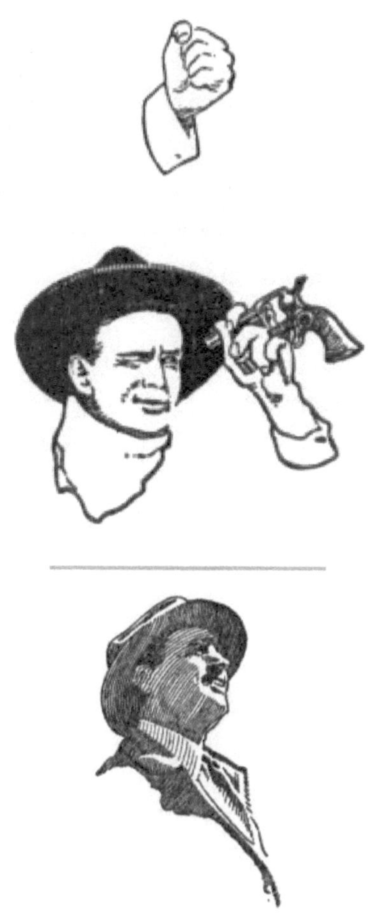

Une conférence en studio

CHAPITRE XII
À TRAVERS LES DIFFICULTÉS AUX ÉTOILES

Un étudiant veut non seulement sa *peau de mouton* lorsque le grand jour arrive, mais aussi ses *lettres*. Pour obtenir son diplôme, il doit contribuer à la *somme des connaissances humaines* – un travail à la taille d'un homme – compte tenu du vaste entrepôt déjà rempli à craquer. Mais la couronne repose d'une manière ou d'une autre plus facilement sur le front de l'apprentissage lorsque le doctorat. ou Ph.B. sont bien rangés parmi les feuilles de laurier.

Seul l'esprit entraîné qui parcourt avec succès ses études collégiales ou universitaires est susceptible d'ajouter aux faits existants. La grande majorité ne réussit qu'à développer un grave mal de tête. Leurs intentions étaient bonnes, mais...

Il ne s'agit pas tant de faire la chose que de la *satisfaction de l'avoir fait*.

Ma carrière universitaire a été écourtée avant que mon aspiration à exceller ne prenne racine. Si j'ai raté quelque chose, cela ne m'est pas venu à l'esprit à ce moment-là, mais en regardant en arrière, il était tout à fait naturel de regretter de ne pas avoir tenu le coup et tenté d'obtenir les honneurs.

Mais il existe de nombreuses autres façons de donner de la valeur à la vie. *La polyvalence* gagne aujourd'hui plus de « manches » que *l'originalité*. Les idées ne valent pas grand-chose pour celui qui ne peut pas les mettre en œuvre et doivent généralement être achetées à des prix avantageux. Le tandem *polyvalence* et *personnalité* est certifié gagnant avant de commencer par rapport à la simple originalité.

Il n'est pas donné à tous les hommes de réussir à l'université. Mais il y a une chose certaine : quel que soit le gain résultant d'une tentative, *c'est une bonne chose*.

La vie universitaire en elle-même, avec toutes ses joies et ses difficultés, est un concurrent féroce du programme d'études. Ceux qui souhaitent obtenir un diplôme doivent nécessairement *s'y accrocher*, ne s'écartant jamais un instant du chemin étroit qui mène au but. De même, il leur incombe de garder les deux yeux rivés sur une bonne étoile – *car chaque petite aide*.

Quelque part dans la « voie lactée » de l'avertissement, il est presque sûr de tomber sur cette fameuse vieille pancarte qui dit ceci :

« Ce n'est pas pour rien que le soleil brille ! Apportez votre part aux océans de la connaissance humaine – vous le pouvez si vous le voulez. »

Je dois avouer que ce petit conseil poétique m'a fait une profonde impression. Cela semblait me pousser à avancer, mais pas dans la même mesure que d'autres sujets *me poussaient à partir*. C'est tout de même un bon petit verset digne d'un crochet dans la mémoire de chacun. L'aspiration, la persévérance, la détermination à ne jamais abandonner le navire, telle est la façon dont se lit la prescription pour ceux qui planteraient ne serait-ce qu'une graine de moutarde d'informations originales dans le jardin de la sagesse.

CHAPITRE XIII
EN RÉPONSE À DE NOMBREUX AMIS

Comme je l'ai indiqué dans mon avant-propos, ce livre n'est pas destiné à adhérer à un plan fixe. J'écris sur des sujets couvrant une grande latitude, dont beaucoup ont été suggérés par des questions tirées de lettres qui m'ont été écrites par des esprits amicaux qui aiment mes pièces de théâtre. Bien que les faits relatifs à ma carrière théâtrale aient été maintes fois publiés, il ne se passe presque pas un jour sans recevoir de lettres à ce sujet.

L'idée dominante est que je suis issu d'une famille de théâtre et que j'ai été formé pour la scène. Rien n'est plus éloigné de la vérité. Mon père était un avocat avec une connaissance du drame comme peu de professionnels en ont. Dès que j'ai pu manger, j'ai été nourri de Shakespeare. Quand j'avais douze ans, je pouvais réciter les principaux discours de la plupart des pièces de ce gentleman.

Mon article dans *Photoplay* il y a quelques mois a raconté toute l'histoire en quelques mots et la même chose est ci-jointe.

Mon éducation dramatique s'est enrichie de contacts fréquents avec de grands comédiens. Mon père était un ami de Mansfield, Edwin Booth, Stuart Robson, John Drew, Frederick Warde et d'autres acteurs célèbres qui étaient ses invités chaque fois qu'ils visitaient Denver.

J'ai demandé un jour à M. Mansfield quelle était la meilleure façon de se préparer pour l'étape et il m'a répondu que la préparation pour l'étape n'existait pas ; mais que certaines réalisations étaient essentielles à un *grand succès* . Ceux-ci comprenaient une connaissance de l'escrime, de la peinture et de la langue française. La modestie exclut toute discussion sur les conséquences du suivi de ce conseil. Qu'il suffise de dire que je peux assez bien me défendre avec une rapière ou un sabre, je peux distinguer un Corot d'un Raphaël sans l'aide d'appareils artificiels, et j'ai parcouru la France sans être arrêté ni avoir faim.

Les écrivains qui donnent des conseils aux ambitieux citent généralement des expériences tirées de leur propre livre de vie, mais si un jeune homme devait suivre mes traces, il emprunterait un chemin plutôt détourné jusqu'à la scène et il devrait en parcourir quelques- *uns* .

Mes parents étaient loin d'être convaincus que j'étais fait pour la scène, alors j'ai été envoyé à la Colorado School of Mines pour devenir ingénieur minier. Mais il ne semblait y avoir aucune place dans ma tête pour le calcul, la trigonométrie et ce genre de choses. Je n'ai jamais pu maîtriser les mathématiques supérieures ; par conséquent , je ne pourrais jamais devenir ingénieur des mines, alors j'ai arrêté.

Or, je n'ai pas envie d'infliger un récit de mes défauts à un public magnanime ; j'essaie juste de montrer qu'on peut échouer dans beaucoup de domaines avant de trouver sa place dans la vie. Certes , j'ai échoué dans de nombreuses entreprises, même lors de ma première attaque sur la scène américaine. La première attaque n'a même pas porté atteinte à cette institution historique.

Les résultats importants dépendent souvent de choses insignifiantes. De petites causes ont eu *des effets titanesques* . Si un certain acteur n'avait pas été envoyé en prison dans le Minnesota il y a douze ans et demi, je n'écrirais pas ceci aujourd'hui.

Si vous êtes familier avec le baseball – et il y a neuf chances sur dix que vous le soyez – vous connaissez le sens de l'expression « les pauses du jeu ». Face à deux équipes de baseball de force égale, la victoire reposera invariablement sur la bannière de l'équipe qui « aura les répits ».

C'est à peu près la même chose sur scène ou dans les affaires. Beaucoup de bons joueurs ont été soigneusement évités par le sort qui leur a valu la gloire, parce que les « pauses » ont été contre eux. À l'inverse, de nombreux joueurs médiocres, voire pires, ont goûté à tous les fruits de la victoire parce qu'ils ont « eu les chances », comme on dit sur le carreau. Mais ne pensez pas que je vais me classer, car ce n'est pas le cas. Donnez-lui le nom que vous voulez, *même la modestie* .

Bien sûr, personne ne peut dire où je me serais retrouvé sans un étrange caprice du destin, mais c'est le malheur d'un autre joueur qui m'a donné la grande chance que je recherchais. Peut-être s'agissait-il d'une indiscrétion plutôt que d'un malheur. Quoi qu'il en soit, la victime de cette circonstance s'est retrouvée en prison le jour où nous devions offrir aux indigènes de Duluth, au Minnesota, une interprétation de « Hamlet ».

Maintenant, je ne vais pas vous dire comment la star n'a pas pu se montrer et je suis entré dans la brèche et j'ai monologueé partout sur la scène sous le tonnerre d'applaudissements des hommes du Nord ; ce serait trop conventionnel. Bizarrement, je n'avais pas visé si haut. Mais je *voulais* jouer contre Laertes et mon collègue ayant commis une infraction qui faisait l'objet d'un chapitre du Code pénal du Minnesota, j'y ai joué ce soir-là.

Eh bien, pour faire court, j'ai si bien joué le rôle (?) qu'il n'a fallu qu'une dizaine d'années supplémentaires pour devenir une star à Broadway, le but ultime de tous ceux qui choisissent la voie des feux de la rampe. Sérieusement, c'était ma chance et j'en ai pleinement profité.

Le plus grand plaisir que je retire de mon travail pour l'écran est peut-être contenu dans le sac de courrier quotidien. Les lettres viennent de partout, non seulement de ce pays, mais aussi de pays aussi lointains que l'Australie. D'ailleurs, je crois qu'ils sont plus enthousiastes devant l'écran aux Antipodes que dans ce pays, proportionnellement parlant.

L'une des questions les plus fréquentes auxquelles on me demande de répondre est celle relative à la réussite en athlétisme.

Cela peut paraître étrange à certains de ceux qui ont suivi mon travail à l'écran, mais j'ai été un échec en tant qu'athlète. À l'université de la Colorado School of Mines, je n'excellais dans aucune branche particulière du sport. J'ai participé à presque tout, mais le corps étudiant n'a jamais écrit ni chanté de chansons sur moi. Je ne suis jamais arrivé au neuvième avec un score de trois à zéro contre nous, avec trois hommes sur les buts, et j'ai passé le ballon par-dessus la clôture. Je n'ai même jamais couru sur toute la longueur du terrain avec la peau de porc et j'ai marqué le touché gagnant avec seulement quinze secondes de jeu.

Quand je suis allé à Harvard plus tard , j'étais toujours actif dans l'athlétisme, mais même si je parvenais à me débrouiller dans la plupart des matchs, je n'ai jamais été sous *le feu des projecteurs* dans des cas précis. Si j'étais resté, cela aurait pu être différent, mais l'appel des feux de la rampe était trop insistant.

Il existe une règle que tout athlète doit suivre pour réussir. *Soyez pur d'esprit et de corps.* Pour commencer, je ne connais pas de meilleur conseil.

Je ne suis pas très porté sur la prédication, mais si jamais j'en faisais une vocation, je prêcherais avant tout la propreté.

Le garçon qui souhaite se hisser aux avant-postes en athlétisme doit adopter un programme de propreté mentale et corporelle.

boissons fortes sont peut-être le plus grand ennemi du succès sportif parmi les jeunes étudiants . Personnellement , je n'ai jamais goûté d'alcool d'aucune sorte.

C'est l'influence de ma mère qui en est responsable, puisque je lui ai promis quand j'avais huit ans que je ne boirais jamais. Je pourrais déclarer, entre parenthèses et sans violer une confidentialité, que mon arbre généalogique comportait plusieurs décorations composées d'hommes ambitieux qui avaient cherché vaillamment, quoique en vain, à diminuer l'approvisionnement visible en alcool. Je ne souhaite pas m'attribuer un grand mérite pour mon abstention. En réalité, on doit davantage de crédit à une personne qui est tombée sous son influence et s'est battue pour s'en sortir ; mais je sais que le fait de tenir ma promesse envers ma mère a eu un effet puissant sur ma vie et ma carrière.

CHAPITRE XIV
LES CHOSES QUE L'ARGENT N'ACHETERA PAS

Tout dépend d'autre chose. L'indépendance absolue n'existe pas, et ceux qui pensent différemment dorment simplement devant le bouton. De toutes les choses recherchées dans ce monde, le bonheur vient en premier, et pour être sûr de cet état statique d'être, l'erreur commune est commise en choisissant le chemin censé y conduire le plus directement.

La richesse – choix n° 1. *L'erreur commune* de la famille humaine.

La richesse est le grand destructeur du bonheur, car elle engendre *le mécontentement et l'inquiétude* . En premier lieu vient le souci d'accumuler des richesses et, une fois en possession, vient le souci de s'y accrocher. De l'inquiétude au mécontentement, il n'y a qu'un pas.

Mais enlevez le doute, pour les besoins de l'argumentation, et analysez la richesse du point de vue de la possession. Maintenant que nous avons de la richesse, allons-y et profitons-en. Faisons de notre vie un rêve élyséen. Très bien, voilà.

Mais d'abord, qu'est-ce qu'un *rêve élyséen* ? Réponse : un rêve élyséen se définit le plus rapidement par le mot *néant* . C'est une figure de style et n'est utile que dans les vols poétiques – aucun transfert n'est émis. Le rêve irisé est le caprice le plus proche qui puisse être acheté contre de l'argent et qui a une finition arc-en-ciel. Bientôt, il disparaît et disparaît de la vue.

Seul avec le Grand Canyon

On revient donc rapidement à la proposition selon laquelle la richesse, bien qu'utile pour l'estomac et le dos, n'a aucun pouvoir d'achat auprès de l'âme. Le bonheur est une *qualité de l'âme* – comment l'atteindre est un dilemme.

Des choses terrestres, nous n'exigeons qu'une certaine quantité ; un excédent enlève le zeste. Le sport de la chasse n'existe plus, lorsque la proie est ligotée par les talons. Les attentes sont bien plus heureuses que les réalisations. Lorsque nous aspirions, nous regardions vers l'avant et vers le haut. Lorsque nous nous sommes laissés aller à fond, nos yeux sont tombés au sol.

« *Le plaisir de gagner de l'argent, c'est d' en gagner, mon fils* . « Cette réplique est la conclusion d'un solo sauvage de Western qu'un des garçons du camp chantait avec un accompagnement de banjo. C'est tout ce dont je me souviens de la chanson. Cela m'a semblé drôle et aussi comme étant une vérité évangélique. Après avoir assouvi ses plus grands désirs, tout luxe paraît trivial et vain. L'anticipation, qui est une espèce de joie, n'habite plus le cœur. Par la suite, nous avons faim de ce qui est inaccessible : *le contentement* . Il est très rare que nous modifiions nos habitudes lorsque nous sommes devenus gras et mous – et l'argent n'achètera pas tout. Notez le « si » dans la chansonnette du Camp Meeting de la vieille tante Dinah : -

"Si le paradis était un endroit où l'argent pouvait acheter,
les riches vivraient et les pauvres mourraient..."

Et nous voilà, bloqués par un « si » minable . Il y a des choses que l'argent n'achète pas, par exemple une *bonne nuit de sommeil* . Notre « sésame ouvert » au niveau supérieur se fait via la *ligne Auto-Déni* . L'argent n'achète pas un billet : seul le bon et fidèle serviteur peut passer le tourniquet.

CHAPITRE XV
LE GARÇON À TRAVERS LA MER

Paraphrasant une chanson bien connue pour répondre à une nouvelle urgence, un de mes bons amis, en apprenant le titre de mon nouveau livre, envoie les lignes suivantes qui, espère-t-il, trouveront leur place dans Making Life Worth *While* . Et c'est ce qu'ils feront, avec un grand merci au contributeur.

Gardez les feux de la maison allumés,
Pour notre garçon de l'autre côté de la mer,
Alors il saura, quand il reviendra à la maison,
Les choses sont comme il l'espérait.

Les cœurs aimants aspirent,
Les yeux impatients s'obscurcissent,
Beaucoup sont là courbés en prière,
espérant, désirant, l'appelant.

Il y a un merveilleux pathétique dans ces paroles. Al Jolson, dans un moment sérieux, pouvait mettre suffisamment de mélodie émouvante dans la dernière ligne pour mettre le public sur pied. Et « Rodey » ne ferait-il pas sonner assez bien une réunion de Billy Sunday ?

Il y a plus que du sentiment dans le verset cité : il y a *le devoir* , *la loyauté* et *la fidélité* . Nos garçons ont le droit de s'attendre à ce que rien de fâcheux ne puisse déranger leurs proches pendant leur absence, et que quel que soit le malheur qu'ils subiront là-bas, l'accueil à la maison sera sincère et sincère.

Si jamais il y avait besoin d'une joyeuse sympathie, le véritable article devrait être publié maintenant pour être distribué parmi les foyers d'où le mari, le fils ou le frère sont partis pour défendre la civilisation. Il ne faut pas craindre de manifester un intérêt sincère envers l'épouse, la mère, le père ou tout autre parent d'un soldat américain. C'est un soulagement pour eux de partager leurs espoirs et leurs craintes avec des voisins amicaux. Ils sont courageux comme ils ne l'ont jamais été auparavant. Ils sont *fortifiés* par l'esprit de l'homme viril qui est parti à la guerre par la porte même sur laquelle vous vous appuyez pendant qu'ils racontent ce qu'ils savent.

Une très chère mère, d'apparence beaucoup trop jeune pour suggérer l'idée d'avoir envoyé un fils au front, m'a raconté en souriant en pleurant qu'il en avait *abattu deux* d'un seul coup, mais qu'il avait malheureusement été contraint de débarquer sur le sol ennemi. et il fut fait prisonnier.

« J'espère qu'ils ne l'affameront pas, dit-elle gentiment, et qu'ils ne le traiteront pas avec cruauté. Il est lui-même si doux et gentil. Je crois qu'ils seront bons avec lui.

" Bien sûr qu'ils le feront", dis-je, joignant mon espoir au sien et souhaitant de toutes mes forces pouvoir réellement partager sa croyance. Puis son regard mélancolique s'est transformé en un regard d'attente confiante. J'avais ajouté à sa *réserve d'espoir* et l'avais laissée rire de bon cœur de ma prophétie selon laquelle son garçon « kidnapperait probablement *son garde une nuit et le ramènerait au camp* ».

Aucun doute sur le fait qu'elle entretienne le feu de la maison, ni sur le cœur fort en elle - « *l'espérant, le désirant, l'appelant* ».

CHAPITRE XVI
SUPÉRIEUR – SUPÉRIORITÉ – SUPER

Ce mot *super* apparaît dans les journaux tous les jours de la semaine. L'effort *surhumain* requis pour faire avancer les choses vers le *triomphe final* nécessitait justement des termes aussi expressifs. C'est un dernier mot en matière d'inspiration – grande, efficace – *au-delà et au-delà* – et cela correspond exactement au travail dans lequel nous sommes engagés, du super-dreadnaught à la surabondance de volonté, de force principale , et *y arriver* .

Lorsque nos garçons sont arrivés et se sont alignés aux côtés de leurs alliés épuisés par la guerre, toute la situation a changé. Le *dynamisme* et *le dynamisme* qu'ils ont apporté ont complètement banni l'esprit déclinant qui, néanmoins, tenait toujours en échec un ennemi implacable et accablant. Aucun tonique n'est plus productif d'énergie renouvelée que l' *entrée d'un ami* qui prend tranquillement place à nos côtés.

Dire simplement que les garçons en kaki ont conquis le cœur de leurs camarades là-bas est insuffisant. Ils ont *scellé un pacte* qui est destiné à façonner le cours ordonné du monde entier pour un siècle à venir. Leur intégration n'était pas du genre « faire place aux héros conquérants ». Rien de tout cela, c'est plutôt la mode de *ceux qui tardent* et prennent tranquillement les places qui leur sont réservées.

Une fois dans les rangs, la camaraderie était une évidence. Personne ne pouvait résister à la bonté américaine. Aucune chance que ces nouveaux soldats côtoyant les vétérans aient recours au jeu des tribunes. Il n'y aurait pas de course après la médaille. Si cela se produisait, tant mieux, mais le travail à accomplir serait la première considération – et à cet égard, les hommes des armées et marines alliées *sont bien satisfaits* .

À mon avis, les sports athlétiques quotidiens des races anglophones constituent *une hardiesse vaillante* . Ils ne sont pas plus courageux, mais peut-être plus robustes et plus agiles que leurs frères d'armes latins en raison de leur saison de loisirs en plein air toute l'année. Le baseball, le golf, le hockey, le polo, le bateau à moteur, l'aviron, le ski, le football, l'équitation et ainsi de suite, jusqu'au jeu de billes, qui, après tout, est un exercice de plein air pour le petit garçon.

Prenez le football, par exemple. Si des médailles d'honneur étaient décernées pour *l'action physique audacieuse et le courage* qui se produisent chaque année sur les « grilles » d'Amérique, d'Angleterre, du Canada et d'Australie, même l' *usine Kaiser's Iron Cross* ne serait pas en mesure de répondre à la demande. En d'autres termes, les sports de plein air favorisent *la vigilance* du corps et de l'esprit. À cet égard, ils diffèrent du travail du sol qui, tout en se durcissant et en se musclant, est inspirant par le manque de prouesses compétitives avec *un objectif en vue* pour lequel travailler.

C'est bien de lire sur nos garçons là-bas. Ils ont assumé leur part du gros travail sans folie ni attitude pompeuse. Ils n'ont suscité aucune jalousie, aucune brûlure au cœur par leurs ambitions compétitives : *ils vont là où ils sont envoyés* . Leur initiative innée les pousse à des actes qui aboutissent à des victoires auxquelles ils s'attendent le moins. Cela ne fait pas partie de leurs dispositions de « tout attraper » pour les honneurs. Ils donneront plutôt que de retirer du crédit de leurs compagnons d'armes. La vieille charge de *vantardise américaine* tombera de son propre poids sur les champs de bataille de France. Exceller n'est ni moins ni plus un trait de caractère américain que celui de ses frères dans le domaine de l'action. L'une des bénédictions qui suivront sûrement à la suite du grand massacre sera la compréhension commune que chaque soldat allié *a accompli son devoir comme un homme* .

Depuis que j'ai écrit ce chapitre, je suis tombé sur un éditorial du New York *Evening Telegram* , qui confirme exactement ma théorie. Il se lit comme suit :

« Les soldats et marins américains ont conquis le cœur de l'Angleterre et de la France. «J'aime leur enthousiasme», dit à travers ses bandages un sergent britannique ravagé par la douleur. « C'est bien d'être frais et vivants à chaque petit événement pour vous et vos garçons qui peuvent plonger dans l'Hadès pour la première fois et garder la tête froide. Vous pouvez être sûr qu'ils iront loin.

A Hamel, où les Américains entraient avec les Australiens, Lucien, Arry , Paul, Tony, Pat et Izzy se tenaient côte à côte, l'un aidant loyalement l'autre. Le commandant en chef des Anzacs, le lieutenant-général Sir John Monash, est juif. Au-dessus de nos chasseurs se trouvait un aviateur de Fort Wayne, Indiana ; un de New York et un autre de Nogales, en Arizona.

Assurément, comme le chantait Kipling :

« Car il n'y a ni Orient ni Occident,
ni frontière, ni race ni naissance,
quand deux hommes forts se font face.
Même s'ils venaient du bout du monde.

« En phase avec l'Infini »

CHAPITRE XVII
QUAND LES GARÇONS RENTENT À LA MAISON

De puissantes puissances sont aujourd'hui à l'œuvre dans le monde. De puissants changements se produisent au plus profond de notre nature. Nous ne sommes pas satisfaits de l'ordre ancien des choses qui a traîné au fil de nos *années opulentes* . Le grand holocauste de la guerre a dégrisé nos sens et nous nous retrouvons à faire le point sur le passé en nous référant particulièrement à l'avenir – l'avenir proche que nous espérons.

Nous pensons au jour où les garçons reviendront *à la maison* et nous avons en tête de faire beaucoup de rangement avant leur arrivée. Nous pensons qu'ils approuveront notre travail et, à moins qu'ils ne le fassent, autant regarder la situation en face : ils feront un peu de ménage pour leur propre compte. *Ils finiront le travail.*

L'ordre du jour est *modifié* . Il existe des étiquettes anciennes et usées qui doivent céder la place à de nouvelles, notamment celle qui a fait son temps et qui s'intitule « *les droits inhérents de l'homme* » . Il faut le réviser. Ses statuts doivent être réorganisés, refondus selon des lignes modernes afin que *la liberté* ne soit pas confondue avec *la licence* et que personne ne revendique l'immunité en supposant que, parce que c'est un pays libre, *il peut faire ce qu'il veut* .

Quand les garçons rentreront à la maison , ils demanderont des comptes. Ils voudront jeter plus qu'un simple coup d'œil à notre gestion. Où traînent les *mocassins ?* Ils nous le demanderont. Et ils poseront des questions sur les plongées, les repaires et *les sports de voleurs* qui se sont affichés avec audace dans les jours précédant *le grand changement* .

Beaucoup de garçons ne rentrent pas à la maison. Ils dormiront là-bas, mais la grande majorité reviendra et ce seront des hommes musclés, *résolus et courageux* . Ils commenceront immédiatement à poser des questions qui feront grimacer certains d'entre nous, et ils insisteront pour obtenir des réponses véridiques. « *Et les profiteurs ?* « Ils vont insister pour tout savoir sur ces gars-là. Ils les rechercheront et les obligeront à restituer leurs gains mal acquis – les bénéfices retirés aux familles de ces hommes qui ont traversé les mers pour débarrasser le monde d'un *tel équipage de pirates* .

Et qu'en est-il de *l'alcool* : avons-nous donné le coup de grâce à ce trafic ? Si ce n'était pas bon pour les soldats de *se battre* , comment cela pourrait-il être utile dans *la vie civile* ? Ce sont des questions auxquelles nous devrons répondre lorsque les garçons rentreront à la maison et il semble que nous allons pouvoir rendre compte de nous-mêmes – *grâce au gouvernement* .

Les choses changent – beaucoup de choses ont déjà changé. Les grandes épreuves cruciales qui pèsent sur notre conscience nationale arrivent à leur paroxysme. Notre gouvernement est *clairvoyant* et alerte. Les abus existent encore, mais les yeux des hommes capables sont tournés vers eux. On ne peut pas s'attendre à ce qu'un gouvernement capable d'envoyer des millions d'hommes dans des conditions optimales vers des pays étrangers au nom de nos *droits les plus précieux* abandonne la tâche de nettoyer les choses chez eux pendant leur absence. Le monde entier doit être rendu sûr et propre, *y compris les États-Unis.*

CHAPITRE XVIII
RÉGÉNÉRATION

Lorsque la grande guerre a éclaté sur une fraternité humaine sans méfiance, nous étions, en tant que nation, issus de la prospérité et de l'auto-indulgence, dangereusement au bord du désastre. C'est seulement à la lumière des événements et en regardant en arrière vers le précipice qui s'était ouvert pour nous que nous pouvons maintenant nous offrir une certaine sorte de consolation solennelle. Au moins, nous avons été sauvés d'un sort pire, celui qui a des cloches sur les orteils : notre *intellect national* était sur le déclin ; de même notre *conscience nationale* . Mais nous n'étions pas seuls : toutes les nations étaient affligées, la nôtre pas plus que les autres, mais nous étions les plus jeunes et les plus opulents.

Régénération ou dégénérescence ? Telle était la question primordiale dans l'esprit du public lorsque le roi de Berlin a libéré ses hôtes de dégénérescence, ramenant ainsi à sa raison la puissance cérébrale de l'humanité civilisée. Et avec cela sont venus les muscles.

Désormais, lorsque *le cerveau et les muscles* se connectent, le danger de rester coincé dans la boue est presque impossible. Des hommes qui étaient devenus sordides en amassant de grandes fortunes et qui regardaient passivement pendant que leurs familles coupaient la bande à laquelle la richesse et la position semblaient leur donner droit, se levèrent d'un bond avec une nouvelle lumière *dans* les yeux, tandis que des hommes franchissaient à peine le seuil du succès. étaient impressionnés par les conséquences indépendantes de leur volonté. Mais l'essentiel était que le monde se tourne vers le grand intrus et, par là même, se dirige vers l'abîme fatal dans lequel des millions de personnes seraient tombées par *suite de leur simple foule* .

Nous avions suivi la tendance moderne et avions dépassé les limites en quête de ce feu follet qu'on appelle le *plaisir* – que nous n'avons jamais vraiment trouvé. Nous avons failli le faire, ou pensions que nous le ferions sûrement, mais dans notre poursuite, nous avons entendu le son d'une *trompette de guerre* et nous nous sommes arrêtés net !

Le maillon le plus faible de la chaîne de *l'autosatisfaction* s'était rompu : le Seigneur de Guerre et ses hôtes étaient devenus complètement fous ! Il était désormais temps pour les cohortes de la folie de se venger des peuples du monde en quête de joie et épris de paix. Nous qui étions au bord d'un autre type de piège – *trop d'opulence* – nous nous sommes arrêtés avec crainte et horreur pour contempler les hordes venant en sens inverse . Et c'est ici qu'a commencé *la régénération de l'humanité* .

Personne, dans une perspective plus large de la plus grande catastrophe mondiale depuis le déluge, n'hésitera à croire que, même dans ses détails les plus horribles, elle représente la mise en œuvre d'un *grand plan*. Le monde se portait bien mieux après le déluge, car lorsque les eaux se retirèrent, on constata que les vallées s'étaient enrichies grâce aux eaux usées des flancs des montagnes et des collines. Une nouvelle virginité était entrée dans le sol, dont la valeur future, pour l'humanité, était totalement incalculable.

Ainsi, en fin de compte, cette formidable effusion de sang aura depuis longtemps éclairé sa véritable signification. Aujourd'hui, nous l'évaluons sur la base de ses horreurs, de son apparente inutilité, *de la dégradation de sa trace* à travers nos propres portes. Mais nous avons tous entendu parler de la *croissance de champignons* qui entravent la croissance des plantes et des arbres ; et *des parasites* qui détruisent les grains des champs, provoquant la famine sur la population. Dans le cas présent, les tentacules de la grande pieuvre de la dégénérescence ont pris une telle emprise sur le corps politique que la moitié du monde semble condamnée à mourir afin que l'autre moitié puisse vivre pour aider le grand plan de l'univers. En attendant, *aucune vie ne vaut la peine si elle ne participe pas à la lutte titanesque*, qui doit se poursuivre encore et encore jusqu'à ce que, selon les mots de notre leader, « *le monde soit rendu sûr pour la démocratie* ».